追梦人的初心使命，
奋斗者的诗与远方

从人民的愿望出发
以人民利益为归宿

题程冠军诗集
《为什么出发》

王蒙

为什么出发

程冠军 著

天津出版传媒集团
天津人民出版社

图书在版编目（CIP）数据

为什么出发 / 程冠军著. -- 天津 : 天津人民出版社, 2019.12
ISBN 978-7-201-15407-7

Ⅰ. ①为… Ⅱ. ①程… Ⅲ. ①诗集－中国－当代 Ⅳ. ①I227

中国版本图书馆CIP数据核字（2019）第239951号

为什么出发
WEISHENME CHUFA

出　　版　天津人民出版社
出 版 人　刘　庆
地　　址　天津市和平区西康路35号康岳大厦
邮政编码　300051
网购电话　（022）23332469
网　　址　http：//www.tjrmcbs.com
电子信箱　reader@tjrmcbs.com

策划编辑　王　康
责任编辑　郑　玥
装帧设计　WONDERLAND Book design 仙境 QQ:344581934

印　　刷　北京中科印刷有限公司
经　　销　新华书店
开　　本　880毫米×1230毫米　1/32
印　　张　6.25
字　　数　55千字
版次印次　2019年12月第1版　2019年12月第1次印刷
定　　价　42.00元

目录

上篇 我的家 我的国

下篇 为什么出发

中篇 让梦想开花

上篇

我的家　我的国

我的家　我的国

一百年风雨磨难，

我的家和国。

五四的光焰，

点燃星星之火。

石库门的灯光，

照亮来时的路。

南湖船的宣言，

开天辟地、逐浪扬波……

两万五千里，

理想不灭、信念不绝。

二十八年斗争，

推翻“三座大山”、建立新中国。

七十载奋斗，

曲曲折折、风风火火。

四十年改革，

勇往直前、波澜壮阔……

厚德载物铸就三山五岳，

自强不息汇聚长江黄河，

龙翔凤翥绘就华夏图腾，

五千年文明的长河奔腾不息、昼夜不舍……

“四大发明”改变人类生活，

“一带一路”续写美丽传说，

“四个自信”弘扬中国精神，

人类命运共同体：我中有你，你中有我……

站起来我的国，

富起来我的国，

强起来我的国！

伟大复兴的中国梦

——成就家，成就国；

成就他，成就你，成就我……

你是我的家，

你是我的国。

你是我的诗，

你是我的歌。

你是我的汗水，

你是我的热血。

你是我的中华母亲，

你是我心中的太阳永不落……

你从梁家河走来

你从梁家河走来，

你肩扛父亲的嘱托[①]，

你牢记“娘的心”[②]。

你是黄土地的儿子，

你是梁家河的农民。

---

① 父亲习仲勋曾多次对习近平说：“不管你当多大的官，不要忘记勤勤恳恳为人民服务，真真切切为百姓着想，要联系群众，要平易近人。”

② “娘的心”：习近平同志插队时，母亲齐心为他缝制的针线包，上绣“娘的心”三字。

来时，你还是个少年，

走时，已是青春作伴。

七年知青岁月，你把心留在了这里

——“根在陕西，魂在延安”。

别人从零开始，

你从负数开始，

无论从哪里开始，

你都坚持扣好人生的第一粒扣子。

你说——

自己的路要自己走，

自己的事情要自己干！

十五岁青葱岁月，

风华正茂，同学少年，

时代的洪流却把你抛到风口浪尖。

到延安去，到最艰苦的地方去！

你坚信：刀在石上磨，人在难中炼！

在西去列车的窗口，

你从容地笑对磨难，

任梦想穿越八百里秦川……

一孔窑洞成了你的栖身之所，

两个书箱是你最好的伙伴。

煤油灯点亮你的青春，

沉重的扁担压在你稚嫩的双肩。

在这里，

你要过“四关”——

跳蚤关、饮食关、劳动关、思想关。

在这里，

你每天吃的是“三团”——

玉米团、高粱团、糠窝窝团。

再累的活你也干得了，

再穷的人你也看得起，

再糙的饭你也吃得惯。

你下决心做一个农民。

你躺在黄土地上仰望蓝天，

你决定要像父兄一样好好干一场，

做一个地地道道的“老陕”[①]。

渴了，

就掬一口梁家河的水，

让延河的基因永驻心田；

累了，

就在土坎上卷一支“大炮”[②]，

豪迈地对着太阳抽一口旱烟。

白天你辛勤劳作，

夜晚你与书为伴。

土炕上，你与大家“拉话”[③]——

① “老陕”：三秦父老喜欢用的第一人称代词。

② “大炮”：手卷的土烟卷。

③ “拉话”：陕北方言，意即交谈，谈心。

从《资本论》到《国家与革命》，

从黑格尔到《共产党宣言》。

你爱背《观沧海》《将进酒》，

你喜欢“先天下之忧而忧”的范仲淹，

更有那辛弃疾——“醉里挑灯看剑”！

你敢说，敢做，敢担当！

你一心为百姓办实事，办好事——

打井、开磨坊、办沼气，

修路、打坝、育良田，

开办铁业社、缝纫社、代销店……

窑洞里，你学会了辩证法；

“整队”①中，你从政的才华初展。

近平是个好后生！

梁家河旧貌变新颜！

你的名字——

传遍了梁家河、赵家河；

传遍了延川、延安、秦川……

你说“打铁还需自身硬”！

吃完热汤面，

你把粮票和钱压在乡亲的碗底下，

不拿群众的一针一线。

① “整队”：对农村大队进行社会主义路线教育活动蹲点整顿。

你把大衣脱给了铁锁，

棉被、针线包送给卫庞，

《毛主席诗词》赠给了黑子，

临行，你还是放不下乡亲们，

叮嘱随娃挑起村支书的重担！

你说，人生处处皆学问，

梁家河是个有大学问的地方。

在这里，你懂得了——

什么叫群众，

什么叫人民，

什么叫实际，

什么叫实事求是，

什么叫民以食为天！

你说，你永远记着梁家河人对你的好——
饿了，乡亲们给你做饭吃；
衣服脏了，乡亲们给你洗；
裤子破了，乡亲们给你补；
至今你还念念不忘印堂家给你的
——那碗香喷喷的白米饭！

南瓜子、大红枣、绣花鞋垫，
红条肉、羊肉汤、大海碗……
每一次来看乡亲们，
梁家河都以“老陕”的淳朴欢迎你！
乡亲们说，喜欢看你“吃香了”[①]的笑容，

① “吃香了”：延川方言，意即吃得真香啊。

大家天天都盼着你回家过年！

宝塔山自有其根基，

延河水自有其源泉，

所有的长征路都有它的起点。

延川，延安，延河水，血脉相连；

梁家河，赵家河，文安驿，梦绕魂牵；

从村支书到总书记，你的长征路任重道远……

为什么要有中国梦？

为什么要有中国方案？

为什么要“不忘初心，继续前进”？

为什么要打赢“精准脱贫”攻坚战？

为什么“绿水青山就是金山银山”？

因为，你是黄土地的儿子！

因为，你从梁家河走来！

因为，你心中始终装着人民群众！

因为，“以人民为中心”“要为人民做实事”

——是你不变的信念！

一艘船，

一盏灯，

一条路，

一面旗。

一个政党，

一个主义。

漫漫长夜，

星星之火，

划破三千年未有之变局！

大道之行，

天下为公。

大同小康，

自强不息。

泱泱华夏，

文明肇基。

我有龙凤图腾，

我有炎黄伏羲。

我有嫦娥奔月，

我有射日后羿。

我有精卫填海，

我有盘古开天地。

我有女娲造人补天，

我有尧、舜、禹、汤，周公礼仪。

看我老子、孔子、孟子，

看我庄子、管子、墨翟，

看我荀子、孙武、鲁班，

看我李白、苏轼、辛弃疾……

看我屈原、岳飞、文天祥，

看我“小范老子”[①]、林则徐……

春秋战国，

思想灿烂。

诗词唐宋，

① “小范老子”：宋时西夏人对范仲淹的尊称。

铸剑为犁。

四大发明，

横被全球。

丝绸之路，

光彩熠熠。

工业革命，

历史交替。

封建帝国，

长夜无期。

闭关锁国，

终被遗弃。

瓜分豆剖，

亡在奢靡。

生灵涂炭，

黎民何以？

炎黄血脉，

精神延续。

苟利国家，

头颅可取！

振兴中华，

前赴后继！

十月革命，

一声炮响，

给中国送来

——马克思主义。

五四运动，

思想启迪。

九州风雷，

开天辟地！

一目了然，

不言而喻！

百年魔怪，

统统滚去！

二十八年，

艰苦斗争，

“东亚病夫”，

从此站起！

十年教训，

拨乱反正，

实践——

才能检验真理。

四十年激荡，

改革开放。

中华民族，

从此富起。

落后就要挨打，

贫穷就要挨饿；

挨骂因为失语，

自信才能强起。

夙夜在公，

砥砺奋进。

办成大事，

解决难题。

精准脱贫，

全面小康。

绘就现代化强国蓝图

——富强民主文明和谐美丽。

中国道路，

中国方案，

中国智慧。

中国担当——

共建人类命运共同体！

孔子说，

四海之内皆兄弟。

孟子说，

富贵不能淫，

贫贱不能移，

威武不能屈。

马克思、恩格斯预言，

整个亚洲新纪元的曙光，

将是“中国社会主义”。

孙中山说，

民生主义就是社会主义，

即是大同主义，也是共产主义。

毛泽东说，

感谢马克思、恩格斯，

是他们给我们送来了“武器”！

邓小平说，

贫穷不是社会主义，

社会主义的本质是共同富裕。

习近平说，我们——

具有无比广阔的时代舞台，

具有无比深厚的历史底蕴，

具有无比强大的前进定力！

一种社会制度，

一种先进文化，

一条康庄大道，

一个理论体系。

这就是——

新时代中国特色社会主义。

中华文化，

生生不息。

中国道路，

大道通衢。

大道至简，

天人合一。

协和万邦，

和衷共济。

雄关漫道真如铁，

人间正道是沧桑，

长风破浪会有时，

乘长风，破万里浪，

大道中国

——有他，有我，有你！

不忘初心，

牢记使命。

不忘初心，

继续前进。

实现中华民族伟大复兴的中国梦

——大道中国

——有他，有我，有你！

奋斗路上

一九一九，二〇一九，

整整一百年！

二〇一九，注定了不平凡！

五四运动一百周年，

新中国成立七十周年。

一百征程，

民族复兴谱新篇；

七十华诞，

中国依然是少年！

一百多年前，

长夜难明赤县天，

百年魔怪舞翩跹。[1]

国难当头，梁启超呼唤中国之少年——

少年智则国智，

少年富则国富；

少年强则国强，

少年独立则国独立；

少年自由则国自由，

少年进步则国进步；

少年胜于欧洲，

则国胜于欧洲；

---

① 毛泽东：《浣溪沙·和柳亚子先生》。

少年雄于地球，

则国雄于地球。

今日之责任，不在他人，而全在我少年！[①]

少年是一盏灯，

少年是一颗心，

少年是一腔热血，

少年是一把劈风斩浪的利剑！

少年是一粒种，

少年是一个梦，

少年是一片蓝天，

少年是一艘勇立涛头的舢板！

---

① 梁启超：《少年中国说》。

寄意寒星荃不察，

我以我血荐轩辕。[1]

而今迈步从头越，

我心依然是少年！

革命，建设，改革。

三件大事，

三十年、七十年、四十年。

站起来，富起来，强起来。

三个伟大飞跃，

新时代、新征程、新纪元。

---

① 鲁迅：《自题小像》。

建立中国共产党，

成立中华人民共和国，

推进改革开放和中国特色社会主义事业

——三大里程碑：

程程好风景，

招招建奇功，

步步勇向前！

国家治理，政党治理，全球治理

——三大治理书写治理现代化的中国方案。

道路自信、理论自信、制度自信、文化自信

——“四个自信”气定神闲。

中国道路，中国方案，中国声音，中国力量

——中国要为人类作出更大贡献！

实现中华民族伟大复兴的中国梦，

构建人类命运共同体，

世界需要中国领导力，

人类需要中国之少年！

梦想需要奋斗，

奋斗需要接力。

奋斗路上，

我心永远是少年！

熔炉——中共中央党校巡礼

一个梦想，

放飞了一百七十余年；

一个政党，

奋斗了九十余年；

一座熔炉[1]，

---

① 近年来，中共中央党校积极推进绿色校园、红色校园、书香校园、文化校园“四个校园”建设，马克思和恩格斯、毛泽东、邓小平、焦裕禄、谷文昌塑像，一大红船等红色元素“走进”校园，让党的红色基因得以传承和弘扬，使中共中央党校成为名副其实的党性熔炉。

冶炼了八十余年……

香山脚下，

昆明湖畔，

大有庄 100 号——

中国共产党的党性熔炉

——中央党校，此刻

炉火正红，

思想闪耀，

生机盎然。

在这熔炉的中轴线上，

思想巨人——

马克思和战友恩格斯

凝神思考，

目光如焰。

“我们的老校长”

——毛泽东

以“还看今朝”的英姿，

注视着他亲笔题写的

“实事求是”的校训

和“为人民服务”的庄重誓言。

改革开放的总设计师

——邓小平

正以时不我待的风范

满面春风，

疾步向前……

学员楼间，

领导干部们面对

党员干部的楷模

——焦裕禄、谷文昌，

“对照自己，见贤思齐”，

“四有”干部的谆谆教导牢记心间。

世界上没有一个政党

拥有这样的党校，

也没有一个政党

拥有这样的熔炉。

从洋溪村到瓦窑堡，

从西柏坡到大有庄，

从革命，到建设，到改革，

每一次转折关头

这熔炉，都会迸发真理的闪电。

在这里，

领导干部有一个共同的任务

——学习。

在这里，

领导干部有一个共同的名字

——学员。

教学楼里，

学员们“充电”“加油”；

林荫道上，

学员们踱方步，求自省；

一大红船旁，

学员们初心不忘，铭记昨天。

这里——

可“大有”论道，

“二味”谈书。

这里——

可“五步”赋诗，

“六合”思贤。①

① “大有”是指中央党校大有书局，“二味”即二味书屋，“五步”即五步桥，“六合”即六合亭。

这里——

掠燕湖畔，学风正蒙。

千萃山上，登高望远。

这里——

白杨伟岸，让思绪飞扬；

劲松高洁，可触景生廉。

党校姓党，

就是姓马姓共。[1]

补钙才能壮骨，

立根才能固本。

看齐才能匡正，

---

① 2015年12月11日，习近平总书记在全国党校工作会议上发表了关于“党校姓党”的重要讲话。

塑魂才能志坚。

一条道路，

一个理论体系，

一种社会制度。

一座学府，

一座思想宝库，

一座党性熔炉。

有了这座熔炉，

共产党人就可以——

夯实理论基础，

开阔世界眼光，

培养战略思维，

加强党性修养。

有了这座熔炉，

共产党人就可以——

造就一支

铁一般信仰、

铁一般信念、

铁一般纪律、

铁一般担当的干部队伍。

有了这座熔炉，

共产党人就可以——

自我净化，

自我完善，

自我革新，

自我提高，

永远走在时代的前沿。

有了这座熔炉，

道路自信，

理论自信，

制度自信，

文化自信，

“四个自信”就能内化心间。

有了这座熔炉，

政治意识，

大局意识，

核心意识，

看齐意识，

“四个意识”就能强化如磐。

唯有熔炉，

才能熔铸本色；

唯有熔炉，

才能锻造品格；

唯有熔炉，

才能熔断腐败；

唯有熔炉，

才能改造学习，淬火信念……

毛泽东说，

我们要建设大党，

我们的干部非学习不可。

邓小平说，

从实践中学，

从书本上学，

从自己和人家的经验教训中学。

习近平说，

好学才能上进，

共产党人依靠学习走到今天，

也必然依靠学习走向未来。

——

这是共产党人的自省自觉，

这是共产党人的时代宣言。

这宣言

镌刻在——熔炉上，

响彻于——天地间。

这就是共产党人的历史大任——

引领中华民族伟大复兴的中国梦，

让马克思主义一脉相承，与时俱进，薪火相传。

中国方案——再开新篇；

中国道路——永续发展。

学习

智慧若水，

思想成湖，

学习，是早春二月的风，

在燕子来时，

让冰封清澈见底。

春姑娘剪开柳之绿幕，

天上的云，

映在水中，

实事求是的白杨，

九十余年如一日，

守卫着一个坚贞的字眼

——学习。

九十余年风雨如磐，

九十余年矢志不渝。

九十余年花落花开，

九十余年前赴后继。

橘子洲头的书声，

划亮旧中国的夜空。

《新青年》的呐喊，

唤来马克思主义。

从望志路到狮子汇[1]，

从南湖船到井冈山，

从延安窑洞到西柏坡，

从香山脚下到掠燕湖[2]，

共产党人的法宝：

永远是——学习。

学习可以冲决历史之桎梏，

学习可以涤荡千年之秽积。

学习可以新造民族之生命，

① 狮子汇：渡口名，在浙江嘉兴南湖，中共一大南湖会议渡口旧址。1921 年 8 月 3 日，参加中共一大会议的代表就是从狮子汇登上渡船进入南湖，然后转乘预订的一艘游船（即红船），在游船（红船）上庄严宣告中国共产党的诞生。

② 掠燕湖：位于大有庄 100 号中共中央党校校园。

学习可以呼唤时代之风雨。[1]

马克思说，

与其用华丽的外衣，

装饰自己，

不如用知识，

武装自己。

毛泽东说，

饭可以一日不吃，

觉可以一日不睡，

书不可以一日不读。

---

① 参见李大钊《青春》：“冲决历史之桎梏，涤荡历史之积秽，新造民族之生命，挽回民族之青春。”

没有学问，

如在暗沟里走路，

摸索不着，

那会苦煞人。

要探求真理，

就要改造我们的学习。

邓小平说，

学习是前进的基础。

学习可使人向前看，

学习可以澄清各种

——混乱的思想。

要不犯大错误，

不栽大跟头，

关键在于党——

是不是善于学习。

江泽民说，

学习、学习、再学习。

胡锦涛说，

重视学习，善于学习。

习近平说，

学习是——

文明传承之途，

人生成长之梯，

政党巩固之基，

国家兴盛之要。

中国要永远做一个学习大国。

全党来一个大学习。

好学才能上进。

共产党人

依靠学习走到今天，

也必然依靠学习走向未来。

——新时代

共产党人的铮铮宣言

响彻寰宇。

世界眼光，

战略思维，

党性修养，

知识学习。

一个学习型的政党

才能——

激流中把握大势，

天地间傲然挺立。

八角楼上灯光如豆，

菊香书屋书香如缕，

小平小道步履坚定，

梁家河窑洞思索不息……

学习是不灭的火种，

它使星星之火得以燎原。

学习是金色的钥匙，

它使民族智慧得以开启。

实事求是，

坚持真理。

终身学习，

持续学习。

共产党人的法宝：

永远是——学习。

学习是新的社会革命，

学习是自我反思的良医。

学习是长期执政的基础，

学习是领航时代的红旗。

马克思主义做灯塔，

毛泽东思想做航标，

邓小平理论做舵，

“三个代表”重要思想做帆，

“科学发展观”做桨，

习近平新时代中国特色社会主义思想做引擎，

中国特色社会主义的航船

将会——

勇往直前，乘风破浪，披荆斩棘……

致敬毛泽东

你曾指点江山

你曾激扬文字

宽阔的额头上

写着共和国的史诗

你是一部大书

令人百读不倦

你是一座丰碑

令人高山仰止

你是浩瀚的海洋

令人取之不尽

你是广袤的大地

令人永远充实

微笑凝固在时空

大手挥就了历史

俱往矣，俱往矣

数风流人物

唯有你的思想

如滚滚的江河

川流不止

青年时代，

你就打定主意，

把身子交给我们的党，

交给本阶级。

你坚信：

对马克思主义的信仰，

是中国革命胜利的一种精神动力。

你浴血奋战，

视死如归，

不畏枪林弹雨。

你忍辱负重，

精神不倒，

历经“三落三起”。

你励精图治，

百折不挠，

撑起艰难危局。

你信念执着，

意志坚定，

十年风雨何惧！

别人搞“一小撮”，
你开“钢铁公司”。
别人做“小脚女人”，
你“从来不走回头路”。

你总结经验教训，
实现拨乱反正，
坚决反对“两个凡是”，
坚持实践检验真理。

你捍卫毛泽东思想，
坚持马克思主义。
恢复“实事求是”，

主持“历史决议”。

你坚决反对本本主义。

坚信“贫穷不是社会主义”，

“发展太慢也不是社会主义”，

“市场经济不是资本主义的专利”。

你推行“联产承包”，

开启改革之旅。

发展商品经济，

引入市场经济。

擘画“三步走”。

提出“两手抓”，

发明“一国两制”，

创办“经济特区”。

泥泞中，

你走出“小平小道”。

黑暗里，

你相信光明，坚持真理！

低潮中，

你冷静观察，

从容应对，

掷地有声对彷徨者说：

世界上赞成马克思主义的人

会多起来的，

因为马克思主义是科学，

它揭示了人类社会发展的规律。

迷茫中，

你力挽狂澜，

为国际共产主义运动

加油打气：

不要惊慌失措，

不要认为马克思主义就

消失了，没用了，失败了，

哪有这回事！

什么是社会主义，

怎样建设社会主义。

我们要走自己的道路，

建设中国特色的社会主义。

抉择中，

你毅然踏上南去的列车，

让改革的春雷再度响起：

大胆地试，大胆地闯。

没有一股气呀、劲呀，

就走不出一条好路、新路，

就干不出新的事业。

不发展就会受人欺负，

发展才是硬道理。

行进中，

你摸着石头过河。

坚持“两手抓，两手都要硬”，

坚持“一个中心，两个基本点”，

坚持——

社会主义的本质，

是解放生产力，

发展生产力，

消灭剥削，

消除两极分化，

最终达到共同富裕。

四十年艰辛探索，

四十年风风雨雨，

四十年意气风发，

四十年春潮又急。

中国道路，

中国智慧，

中国方案，

中国奇迹。

西方人说，

你是“邓旋风”，

你是“打不倒的东方小个子”。

中国人说，

你是“改革开放的总设计师”。

你是中国人民的儿子，

你带领中国人创造了世界奇迹！

昨天，

你为人民谋幸福，

今天，

你魂系中国大地。

昨天，

莲花山上脚步响，

今天

大鹏湾里风再起。

昨天，

说一句：小平您好！

今天，

道一声：小平，我们永远爱戴你！

寒冬里，

一碗热腾腾的糁汤[1]，

喝得你——

寒意顿消，

大汗淋淋。

喝出你的豪迈。

喝出你的精气神！

---

① 糁汤：糁，临沂方言读(Sá)。临沂地方特色小吃。一种肉粥，配以鸡肉或牛肉，与麦仁、生姜、大料同煮，营养丰富，味道醇厚。

星光下，

一捆实落落[1]的煎饼，

送儿出远门。

一张张煎饼，

叠进一位母亲的千言万语，

叠进天底下娘的心……

茅屋里，

最后一滴

甘甜的乳汁，

滴进战士的嘴里。

---

① 实落落：临沂方言，意为实在、厚道。实落落，实实在在。

让年轻的生命得以延续，

让革命

永远后继有人。

河水中，

一座人桥，

让子弟兵

冲上前线，奋勇杀敌，

大踏步前进。

站在河里

肩扛火线桥的，

是三十二个沂蒙女人。

炮火中，

一排排担架，

抬着被鲜血染红的英雄，

前赴后继，

奋不顾身……

战场上，

一队队支前的小车，

满载干粮和小米，

快步向前，

车轮滚滚……

任尔日寇铁蹄，

任尔八百万大军，

任尔凶狠残暴，

任尔倒行不仁。

八百里沂蒙风来，

风卷一切敌人！

沂蒙七十二崮[①]，

崮崮铜墙铁壁，

同仇敌忾，豪气干云！

党爱民，

民向党。

同生死，

共命运。

---

① 崮：沂蒙山区一种特有的山峰，崮的特征是四面陡峭，顶部平坦。放眼望去，酷似一座座城堡，雄伟峻拔，风光迥异。如抱犊崮、孟良崮等，当地有“沂蒙七十二崮”之说。

保护伤员，

甘当人桥，

送夫支前，

送子参军……

缸里有一两米，

也要留给咱子弟兵；

家里有一双布鞋，

也要送给咱百姓的贴心人。

昨天，

你是千千万万个

“沂蒙红嫂”明德英，

你是千千万万个

“沂蒙母亲”王换于，

你就是千千万万个

——“沂蒙六姐妹”！

昨天，

你是让敌军闻风丧胆的孟良崮，

你是与侵略者血战到底的渊子崖村，

你就是咱子弟兵

——永远的娘家人！

今天，

你是“当代保尔”朱彦夫，

你是“沂蒙新红嫂”于爱梅，

你就是“九柱擎天”的

——九间棚人！

今天，

你是乡村振兴的“领头雁”王传喜，

你是临沂市场的“拓荒牛”王士岭，

你是“就图群众说党好”的村支书梁兆利，

你就是带领群众脱贫致富的共产党人！

水乳交融，

生死与共。[①]

艰苦创业，

---

① 2013年11月，习近平总书记到临沂考察时对沂蒙精神作出高度评价：“沂蒙精神与延安精神、井冈山精神、西柏坡精神一样，是党和国家的宝贵精神财富，要不断结合新的时代条件发扬光大。”习近平总书记指出：“军民水乳交融、生死与共铸就的沂蒙精神，对我们今天抓党的建设仍然具有十分重要的启示作用。”

无私奉献。

爱党爱军，

开拓奋进。

沂蒙精神——

惊天地，泣鬼神！

震寰宇，烁古今！

蒙山高，沂水长，

无数个“沂蒙红嫂”，

就是伟大的中国母亲！

山苍苍，水滔滔，

八百里蒙山沂水，

铸就不死的沂蒙精神。

沂蒙精神——

就是伟大的中国精神!

一万次淬火锻造,

一万次风雷激荡,

一万年栉风沐雨,

一万年传承印证——

这就是代代相传的沂蒙精神!

这就是革命事业的红色基因!

中国梦 在飞翔

（一）

中华一个梦，

我心永飞翔。

文明之光五千年，

珠穆朗玛耀东方。

给生活以美丽，

给理想以翅膀；

给时光以速度，

给人生以方向。

你的梦，要起航，要起航……

（二）

梦里有大同，

梦里有小康。

文明之光五千年，

珠穆朗玛耀东方。

给蓝天以白云，

给大地以芬芳；

给道路以自信，

给事业以辉煌。

我的梦，在路上，在路上……

（三）

百年复兴梦，

中国当自强。

文明之光五千年，

珠穆朗玛耀东方。

给江河以源泉，

给长城以脊梁；

给民族以魂魄，

给醒狮以力量。

中国梦，在飞翔，在飞翔……

（四）

中华一个梦，

我心永飞翔。

梦里有大同，

梦里有小康。

百年复兴梦，

中国当自强。

文明之光五千年，

珠穆朗玛耀东方。

中国梦，在飞翔，在飞翔……

蒙古马

我是蒙古马，

我是足不践土的蒙古马，

我是行越飞燕的蒙古马。

我是蒙古马，

我是夜行万里的蒙古马，

我是逐日而行的蒙古马。

我是蒙古马，

我是毛色炳曜的蒙古马，

我是一形十影的蒙古马。

我是蒙古马，

我是乘云而奔的蒙古马，

我是身有双翅的蒙古马。

我是蒙古马，

我是有着亚洲铜肤色的蒙古马，

我是有着中国龙身躯的蒙古马，

我是有着东方醒狮基因的蒙古马。

我是蒙古马，

我是霍去病的蒙古马，

我是关云长的蒙古马，

我是成吉思汗的蒙古马。

我是蒙古马，

我是秦始皇的蒙古马，

我是汉武帝的蒙古马，

我是唐太宗的蒙古马，

我是古丝绸之路上的蒙古马，

我是踏破贺兰山缺的蒙古马。

我是蒙古马，

我是立德立功立言的蒙古马，

我是上下而求索的蒙古马，

我是天生我材必有用的蒙古马，

我是留取丹心照汗青的蒙古马，

我是格物致知诚意正心修身齐家

治国平天下的蒙古马。

我是蒙古马，

我是仁义礼智信的蒙古马，

我是穷则独善其身达则兼济天下

的蒙古马，

我是先天下之忧而忧后天下之乐

而乐的蒙古马，

我是为天地立心为生民立命为往

圣继绝学为万世开太平的蒙古马。

我是蒙古马，

我是鞠躬尽瘁死而后已的蒙古马，

我是一点浩然气千里快哉风的蒙古马，

我是苟利国家生死以岂因祸福避趋之的蒙古马，

我是我自横刀向天笑去留肝胆两昆仑的蒙古马。

我是蒙古马，

我是铁肩担道义的蒙古马，

我是为中华之崛起的蒙古马，

我是寄意寒星荃不察我以我血荐轩辕的蒙古马，

我是指点江山激扬文字粪土当年万户侯的蒙古马，

我是我将无我不负人民的蒙古马。

我是蒙古马，

我是开天辟地敢为人先的蒙古马，

我是知行合一实事求是的蒙古马，

我是吃苦耐劳一往无前的蒙古马。

我是蒙古马，

我奔腾如长江黄河，

我昂首如喜马拉雅，

我立如泰山坚如长城纵横如唐古拉。

我是蒙古马，

我生在草原长在北疆梦在大中华，

我吃野草饮甘露沐风雨染霜花，

我日日夜夜奔腾不息天做被云做衣

草原永为家。

我是蒙古马，

我是大道之行天下为公的蒙古马，

我是道不远人协和万邦的蒙古马，

我是不惹事也不怕事的蒙古马，

我是人不犯我我不犯人的蒙古马，

我是召之即来来之能战战之必胜的

中国蒙古马！

中篇

让梦想开花

海南，让梦想开花

寻梦，到你的海之角；

追梦，到你的天之涯。

到南天，栽一根信念的石柱；

爱上你，在鹿回头的一刹那。

我爱你碧海青天，

我爱你白云无瑕。

我爱你椰风海韵。

我爱你宝岛琼花。

我爱你南海神鳌，

我爱你浪漫三亚。

我爱你黎村苗寨，

我爱你美丽三沙。

我爱你南沙壮歌，

我爱你烽火琼崖。

我爱你西沙英雄，

我爱你丝路天涯。

我爱你，春风海上来；

我爱你，杨花似雪花。

我爱你，天高任鸟飞；

我爱你，南海儿女英姿飒飒。

汉武大帝开疆辟土，

伏波将军卫我中华。

海瑞罢风匡扶正气，

冼太夫人义胆豪侠。

万泉河啊！

奔流到海不回头。

五指山啊！

主权在握力量大。

让所有的爱情都浪漫，

让所有的期待都发芽。

让所有的奋斗都成功，

让所有的梦想都开花。

敞开胸襟呵！向世界。

博鳌盛宴呵！论中华。

海南岛呵——

三十而立，蓄势待发！

把所有的大门都打开，打开！

让所有的梦想都开花，开花！

致掠燕湖①

你是早春的燕子，

来为这有思的湖水吟唱。

你好奇地飞过这湖畔，

用一池心镜为春天梳妆。

你说，

如果我是春天的杨柳，

你愿做春天的伴娘。

① 掠燕湖，位于中央党校校园内。

致慈溪

有一种颜色叫秘色

有一种回忆叫记忆

有一种美丽叫慈溪

不见了吴钩越剑

不见了金戈铁骑

斑驳的碎片里

珍藏着一个

杨梅一样的

名叫慈溪的少女

她有着

杨梅一样的颜色

杨梅一样的

酸酸甜甜的谜

每天沐浴在

天堂的臂弯里

上林湖是她的妆镜

越窑是她的发髻

青瓷是她

写了两千年的日记

今天

她终于

解开了这发髻

呵，竟有这么长

一桥伸向天堂去

今天

她终于打开了这日记

慈溪是杭州的情人

杭州是慈溪的佳婿

慈溪是青瓷的梦

青瓷是梦的慈溪

泉城四季

是谁触动了

四季的琴弦

让春夏秋冬

——泉韵相牵

是千佛山上的佛手？

是灵岩寺里的灵岩？

是大明湖里的荷花？

是趵突泉边的李易安？

弹一曲《渔家傲》

三百年大宋

只留下词中江山

绘一幅鹊华秋色

赵子昂

大笔一挥

让华不住①

——这朵灵动莲花

盛开了八百年

① 华不住：济南有鹊华二山，赵孟頫所绘“鹊华秋色图”即此二山。华山又名华不住山，其形状宛如一支含苞欲放的花骨朵，“华不住”为“花骨朵”转音。

济水悠悠

见我心泉

千佛莽莽

秀色可餐

老舍说

他爱济南的冬天

我说

我爱四季的济南

后海的夜晚

后海的夜晚没有月亮

红灯笼隔水相望

婀娜的柳枝舞着长袖

微风送来菊花香

一袭茉莉

开在晶莹的杯中

思绪如洁白

在夜色中流淌

让秋水沉静如古典

让时光美丽不再匆忙

让海之波涛停止汹涌

让月儿到云中自由徜徉

扶栏做架

后海为琴

夜用眼睛为我们吟唱

吟一曲《广零散》

吟一曲《高山流水》

吟一曲大江东去

吟一曲我深爱的蓝色海港

后海的夜晚没有月亮

夜空中弥漫着生命的芬芳

青岛的颜色

八大关锁不住

青岛的颜色

樱花

翻开民国的旧事

一百七十年的屈辱

定格在一个个

欧式的

城堡上

“五四”广场猩红的火炬
点燃了
一个民族的梦
三十年
六十年
一百七十年
往事并不如烟

远方
宁静的
军港如睡醒的狮子
“辽宁号”航母在她的怀抱里
优雅地
游弋

雄风来了

猎猎的红旗

终于

划亮

青岛的夜空

中国的长空

呜——

汽笛声中

中国梦——

起航了

印象杭州

我在杭州

等你五百年

你才走出西湖的朦胧

风轻

月柔

水静

你用莲藕的清脆

唤来了江南的黎明

咏湄潭

水之湄，

花之溪，

茶之语。

江如带，

山如玉，

路如梯。

神女摘翠芽，

误入黄花地，

扶梯上仙谷[①]，

弹落桃花雨。

桃花雨，

湿我心，

湿我衣，

此心只向湄潭去。

① 仙谷：遵义市湄潭县有仙谷山，青如绿玉。

一幅天赐的焦墨山水

一副不变的古道热肠

一条雄浑的西部汉子

一位丝路花雨的姑娘

这就是你，兰州——

胸怀波涛

心有兰香

来一碗牛肉面

大快朵颐

方显“冠军侯”[①]本色

含一枝野百合

让梦想绽放在美丽的垄上

这就是你，兰州——

一个让男儿魂牵梦绕的地方

是大汉的骆驼商队

驮来了孔子、孟子

是大唐的诗礼天下

送来了李白、杜甫、高适、陈子昂

九曲黄河

---

① 西汉名将霍去病（公元前140年—公元前117年）十七岁时在两次河西之战中大破匈奴，直取祁连山，“功冠全军”，被汉武帝封为“冠军侯”。

淘尽黄沙始见金

马踏飞燕

穿越大梦敦煌

这就是你，兰州——

一通太平鼓

敲起西部雄风

一盏“三泡台”

泡出五千年金城书香

兰州——

母亲河上

一部传唱不衰的唐诗宋词

我，是你永远的读者

你，是我永远的新娘

深圳新歌

一个小渔村

一片试验田

一个年轻的城市

敢为天下先

不论姓什么

不管路多远

五湖四海聚鹏城

检验真理靠实践

天地间，有深爱

九万里，梦相连

弄潮儿向涛头立

改革开放永向前

一个小渔村

一片试验田

一个春天的故事

传唱了多少年

效率是生命

时间是金钱

大鹏一日同风起

展翅翱翔天地间

天地间，有深爱

九万里，梦相连

弄潮儿向涛头立

改革开放永向前

一个小渔村

一片试验田

一行铿锵的脚步

再上莲花山

改革不停顿

开放不止步

同心共筑中国梦

伟大复兴谱新篇

天地间，有深爱

九万里，梦相连

弄潮儿向涛头立

改革开放永向前

雄安雄起

雄安在雄起

中国正富强

深圳耀南国

杭州赛天堂

上海看浦东

北京定四方

千年大计有你

渤海恋太行

雄安在雄起
中国正富强
高铁骋大地
“蛟龙”入海洋
“墨子”飞太空
“嫦娥”登月亮
美丽中国有你
黄河伴长江

雄安在雄起
中国正富强
珠峰哈达美
草原马儿壮
香江紫荆开

南海椰风香

和平发展有你

“一带一路”长

佛山问禅

佛山礼佛，

禅城问禅。

北帝生水，[1]

古灶生烟。[2]

山水含清晖，[3]

梦里有桃园。

---

① 佛山祖庙为中国规模最大的北帝（又称玄武大帝，统管北方，为水神）庙之一。

② 佛山南风古灶，建于明代正德年间，五百年来窑火不绝，是最古老的柴烧龙窑。

③ 佛山顺德清晖园，为广东四大名园之一。

醒狮向天吼，

变法开新篇。

岭南新天地，

陶都看石湾。

中华武术精气神——

黄飞鸿、叶问、李小龙，咏春拳！

披一件香云纱，

呷一口冯了性[1]，

吃一顿顺德菜，

唱一曲《南国红豆》，

坐看大湾云起时

——枕月西樵山。

① 这里指冯了性药酒，为明代医药师冯了性所创，主治风湿跌打，明代佛山即有冯了性药铺。

做一回温州人

做一回穷则思变的温州人，

做一回无中生有的温州人，

做一回白手起家的温州人，

做一回抱团打天下的温州人。

温州人，

望海楼上纵放歌，

江心屿中浩气存。

温州人，

五马街人欢马儿叫，

“八大王”[①]铸就改革魂。

做一回敢闯敢干的温州人，

做一回说到做到的温州人，

做一回追江赶海的温州人，

做一回气吞吴越的温州人。

温州人，

九曲回肠楠溪江，

---

① 八大王：指1982年初，温州乐清市的八位个体户即“五金大王”胡金林、“矿灯大王”程步青、“螺丝大王”刘大源等被以“投机倒把罪”抓捕，一年之后平反，史称“八大王”事件。

玉成桃李海生云。[1]

温州人，

泰顺廊桥寻遗梦，

屿北古村种莲心。

做一回千辛万苦的温州人，

做一回千言万语的温州人，

做一回千山万水的温州人，

做一回千方百计的温州人。

温州人，

---

① 温州瑞安玉海楼，为中国东南著名藏书楼，郭沫若题玉海楼“玉成桃李，海涌波涛”。

学问要做永嘉派，

写诗当学谢灵运。

温州人，

走马雁荡惊天鸟，[1]

千里江水一瓯饮。

走遍天下温州人，

天南地北温州人，

四海为家温州人，

有中国人的地方就有温州人！

做一回敢为天下先的温州人，

---

① 天鸟，指雁荡山上的大雁。雁荡山顶有雁湖，秋天有大雁栖息。“岗顶有湖，芦苇丛生，结草为荡，秋雁宿之”，此即雁荡山名字的由来。

做一回敢吃生猛海鲜的温州人，

做一回敢于冲破旧框框的温州人，

做一回有温度、有风度、有气度的

中国温州人！

红莲迎盛世

紫荆绽心声

粤都花正好

五羊共欢腾

白云山上歌白云

伶仃洋里唱伶仃

桥架中国结

心系华夏情

醒狮抖精神

九龙舞太平

携手走进新时代

“一带一路”向大同

岭南风再起

珠江潮又涌

前海弄波涛

香江溢彩虹

巨手擘画粤港澳

大湾共筑中国梦

天山的第一轮明月，

照亮李白的豪情。

西域的第一缕春风，

吹散王之涣的忧怨。

绿柳如笔，

白杨似椽，

彩云当墨，

高天为案……

一挥手，

绘就大唐春天。

又挥手，

点染万里河山。

再挥手，

泼洒正气浩然。

再再挥手，

写下唐诗四万！

春风如客，

玉门是风的客栈。

岁月如诗，

雄关是诗的盛宴。

来吧，来吧！

弹一曲《杨柳枝》，

唱一首《关山月》，

喝一碗太白酒，

与君同饮玉门关！

酒醉处，

给我八百铁骑，

借浩荡春风，

梦回大汉！

找回霍去病，

再封“冠军侯”，

饮马瀚海，

决荡祁连山！

梁家河之歌

你从梁家河走来

领航中国走进新时代

大道之行，天下为公

中华民族的小康梦就要到来

站起来，富起来，强起来……

你从梁家河走来

领航中国走进新时代

中国智慧，中国方案

现代化的中国走向世界舞台
站起来，富起来，强起来……

你从梁家河走来
领航中国走进新时代
夙夜在公，为民服务
伟大复兴的中国梦时不我待
站起来，富起来，强起来……

你从梁家河走来
领航中国走进新时代
不忘初心、牢记使命
新时代中国特色社会主义继往开来
站起来，富起来，强起来……

下篇

为什么出发

为什么出发

任凭石壁千仞万仞

你毅然用身躯丈量

生命的高度

任凭西风凛冽如刀

你毅然摈弃虚伪的呵护

你不在乎什么角落，什么痛苦

也不祈求什么阳光，什么雨露

选择了出发便义无反顾

你说

生命就是一次孤独的旅行

管他什么艰难险阻

还是什么羡慕嫉妒

你只管走过这一程

无视——

春的浮华

夏的温热

秋的冷漠

冬的残酷……

你坚强地走完这旅途

悄无声息地

在斑驳陆离的画布上

写下你

——如初的心路

送你去远行

总有一声真诚的问候，

向你说欢迎。

总有一道深情的目光，

送你去远行。

总有一句温馨的提醒，

让你如沐春风。

总有一座人生的驿站，

停歇千里长亭。

总有一次美好的邂逅，

与你擦肩匆匆。

总有一个美丽的身影，

在渐行渐远中。

每一次停留，

都有新的憧憬。

每一次出发，

都是新的征程。

眼观高天流云，

让梦与时光同行。

心随高铁驰骋，

让理想追赶长风。

自古千里共婵娟，

今见关山万里情。

人生没有单行道，

追梦路上好风景。

天涯咫尺仅一票，

人生何处不相逢。

一路风尘一路歌，

道是有情更深情。

荷颂

选择了出类拔萃，

你便拒绝平庸。

不攀高山，

不羡陆地，

半亩方塘任平生。

你不惧杂草的构陷，

也不屑鸟儿的嘲弄，

水中可长，泥里可生！

风雨中你独自撑伞，

污浊里你奋力抗争！

卑鄙者会有一千种理由，

高尚者从不需任何证明。

一万年，

也别想毁掉你的清芬，你的美名！

你不拒绝阳光，

却从不攀附——

什么西风，东风，南风，北风！

你爱惜名誉，

却从不看重——

什么金钱，富贵，地位，虚荣！

你坚信：

是生命就要绽放，

有梦想就会成功。

你还说：

不成功不等于失败，

失败也不等于不成功。

荷叶老了，

荷花正红；

荷花老了，

荷子玲珑；

荷子老了，

荷藕天成。

有心，有节，有思，有梦；

有情，有义，有始，有终。

今生，

你只要你的选择——

无论水上还是地下，

无论沉寂还是喧嚣，

你只做独守高洁的

——出水芙蓉。

致芦苇

埋你在土里

你依然生命不息

葬你在水中

你依然向往着真理

春天

你刺破

酣睡的河床

挥毫写下生命的序曲

夏天

你挺起

坚韧的苇秆

让芜杂的世界不再沉溺

秋天

你冷眼观云

让雄浑的天穹在水中

纯净如洗

冬天

你打出圣洁的旗帜

冲出泥沼和冰凌

向着大地呐喊

失败离成功

已没有太多的距离

致海浪

选择了奋斗

你便不再回头

即便是撤退

也保持搏击者的姿态

你以诗人的浪漫

为失败鼓掌

——之后

转战黑夜的沉寂

待明日

涛头重卷

浪遏飞舟

春雪的告别

你以一场春雪的美丽

向我告别

告别烛光映照的夜晚

还有烛光绽放的灿烂

夜如昼

水穿石

香如故

花开总是短暂

那就把它

酿在酒里

融进雪里

化入心间

任雪花飞舞

舞起一天的浪漫

任我心飞翔

飞翔在天地间

你走之后

我会用

青竹做笔

红梅做笺

雪花做邮戳

寄你一个春天

任沧海横流

星空下

港湾间

你为我

修一条木栈道

筑一所宁静的小屋

燃一盏空灵的烛光

带我去听大海的心音

时光如水

生命如茶

情爱如酒

岁月如歌

事业如行板

这一切又如天上的流云

不必问

这海上是否

还有当年的明月

不必问

这世间是否

还有遥远的绝响

任沧海横流

我只取一杯饮

海上月·四章

海上月·心结

只在海上的

一次邂逅

你就成了

我永远的心结

一片云

又为这心结

扎上鸢尾花[1]

海上月·纽扣

你是

海神心扉上

一枚坚贞的纽扣

谁人

能解开

你永远的清纯

① 鸢尾花因花瓣形如鸢鸟尾巴被古希腊人称为“爱丽丝”，爱丽丝在希腊神话中是彩虹女神。在古埃及，鸢尾花的含义是复活、生命。在法国，鸢尾花是光明和自由的象征。

海上月·好风

我曾在河塘

遇见你

你送我一袭翠莲的

清气

我曾在江边

遇见你

你送我一支长篙的

别离

我曾在山间

遇见你

你送我一阵空山的

夜雨

今天

我终于在这海上

遇见你

你送我云天一万里

今晚，

我将借你的好风，奔月而去

海上月·心港

海上月

有暖，有凉

有嫦娥的梅花袖

有吴刚的桂花酿

海上月

有思，有想

有苏轼的人长久

有李白的床前霜

海上月

有风，有浪

有城之湾的心港

有海之夜的咸香

一条长长的隧道

让我走进你心底

我这才发现

除了温柔

坚强也是你

你的心跳

加快了我的心率

我不敢停留

生怕影响你的呼吸

沉默不是放弃

穿越不是逃避

我只想——

从此，

每天经过这里

默默地——

欣赏你的颜色

抚摸你的肌肤

谛听你的心跳

感受你的呼吸

海之五章

海

（之一）

把你倒进杯子

你依然是大海

把你装进心底

你就是男儿的

一腔情怀

海

（之二）

你的裙裾

是翻卷的浪花

卷得我心旌摇曳

每一次触摸你

都像亲吻了新嫁娘

海

（之三）

你羞涩得

像个初恋的少女

一次次轻吻着

沙床上的爱人

却始终也不敢到岸上来

海

（之四）

你用心的广阔

征服了世界

你用水的柔韧

感化了磐石

从此

我成了你永远的听众

每天

听你用浪花弹奏

蔚蓝的赞美诗

海

（之五）

天地间

唯有你是思想者

你不知疲倦

日以继夜

用蓝墨水写着一部

浩瀚的书

荷之七章

（一）

荷之心

我问荷花

荷的心是空灵的吗

荷花微笑着

我问荷叶

荷的心是晶莹的吗

荷叶舒展着

我问荷塘

荷的心是透明的吗

荷塘荡漾着说

明早

你来看荷叶心的晨露吧

（二）

莲之爱

在一池碧波里

我看见了你的容颜

春色老去了

爱情依旧光鲜

是火，是霞

是雨，是烟

都不是

爱情的名字叫——红莲

是热烈，是缱绻

是沉静，是缠绵

都不是

爱情的名字叫——永远

花红落尽

莲之爱——凝结为秋天

（三）

荷之歌

我——

撑一条小船

载满了诗歌

驶向——

你的

——波心

你为这诗歌

谱了一池

优美的

——采莲曲

（四）

荷之舞

水在风中轻舞

荷在水中轻舞

风景在你眼里轻舞

你在我心底里轻舞

（五）

红荷

你是

天空倒影在

水中的

那一抹灿烂的

霞光

忽然闪进我的梦

让我走进

别样的风景

（六）

寻梦

寻梦

在生命的湿地

只看见

绚烂后残叶的印记

翠鸟已远飞到别处

鱼儿也早不见影踪

莲子干枯了

秸杆仍在风中伫立

没有了绿色

梦还在

泥地里

有承接千载的思绪

（七）

秋荷

当生命绚烂到

极致

梦想在泥土中

变为现实

即便如此

仍不言放弃

未来又在生命的伞盖中

结成——

晶莹的珠儿

致落叶

落叶不是梦想的尽头

今天却是明天的开始

每一片叶子

都是生命的轮回

悄然落下的是今生

默默种下的是来世

旅程

每一次渐行渐远

都让我淡定从容

每一次风驰电掣

都让我怦然心动

只要我心不甘寂寞

人生就没有平凡的旅程

只要今生不言放弃

黑夜里总有不灭心灯

任它花开花落

任它风起风轻

世间的路有千万条

活一回就要有出彩人生

是英雄就要指点江山

是骏马就要万里驰骋

是青春就要激扬文字

是雄鹰就要搏击长空

抖一路征尘

望茫茫神州风起云涌

谈杏花春雨

待燕子来时决意与君行

风景

如果你一个人去看风景

我愿化作一只青鸟

为你探看路径

如果你嫌此处的风景太喧嚣

我愿化作一片竹林

为你撑起独自的幽静

如果你嫌看风景的路上太寂寞

我愿背起行囊伴你远行

如果这世界没有了你要看的风景

至少还有我清远的笛声

春的贺信

寒冬里

我为你泡上

一壶久违的

铁观音

一如

你的忧愁

你的温润

佳茗有期

茶语如梦

时光无痕

杯子只留下

岁月的唇印

空气冷却了

香艳凝固成音乐

这个世界

刹那间

更美更醇

让惆怅化作

平湖秋月

雪山春晓

抑或流水行云

不必担心这个春天

会姗姗来迟

快打开窗户

迎接

玉兰花送来

——春的贺信

地铁

你在地下穿行，

我与你同行。

我走出地下，

你依然在地下穿行。

我有我的目标，

你有你的使命。

我为明天行走，

你为明天奔腾。

为了未来，

我们不约而同。

即便铁流

冰冷成钢轨

坚强的意志

一刻也没有停止过延伸

即便嫉妒、谎言、诋毁、嘲弄

布满征途

生命依然奔腾在

朗朗乾坤

在路上

一切功利，皆为粪土

一切是非，皆成浮云

一切丑恶，皆是烟尘

在路上

你并不是孤独的行者

伴你而歌的

有那默默承受的石子

有那敢于担当的枕木

有那锲而不舍的道钉

有那滚滚不息的车轮

在路上

人如风

风如电

电如金

在路上

可以

拒绝阿谀

摈弃平庸

远离小人

在路上

可尽享

风驰电掣

痛快淋漓

疾风观云

在路上
可尽享
小草的纯真
野卉的清芬
还有那——
不辍的弦歌
天籁的梵音

在路上
思绪如海潮
狂奔
狂奔
狂奔

程冠军　中国作家协会会员，作家、诗人、理论工作者。先后任《学习时报》记者、中央党校理论网采编中心主任，现任中国领导科学研究会副秘书长。发表各类作品300余万字，先后出版《忘年之恋：李宗仁与胡友松》《共和国思想者》《企业家论语》《走向善治的中国：十八大以来治国理政观察》《精准脱贫中国方案》等多部专著。

E-mail：632881959@qq.com